VENTE A PARIS

Vendredi 18 et Samedi 19 Avril 1902

Hôtel Drouot, Salle 8

COLLECTION DE M. DE MAGNEVAL

AMATEUR LYONNAIS

DEUXIÈME PARTIE

MÉDAILLES ARTISTIQUES
MODERNES
ET JETONS

COMMISSAIRE-PRISEUR :	EXPERT :
Me Maurice DELESTRE	M. Étienne BOURGEY
Rue Saint Georges, 5	Rue Drouot, 19

COLLECTION E M. DE MAGNEVAL

AMATEUR LYONNAIS

DEUXIÈME PARTIE

MÉDAILLES ARTISTIQUES

MODERNES

ET JETONS

VENTE AUX ENCHÈRES PUBLIQUES

A Paris, Hotel des Commissaires-Priseurs, rue Drouot, 9

SALLE N° 8 AU 1er ÉTAGE

LES VENDREDI 18 ET SAMEDI 19 AVRIL 1902

A 2 HEURES PRÉCISES

EXPOSITION UNE HEURE AVANT LA VENTE

COMMISSAIRE-PRISEUR :

Me Maurice DELESTRE

Rue Saint-Georges, 5

EXPERT :

M. Étienne BOURGEY

Rue Drouot, 19

PARIS

Exposition particulière :

Les mercredi 16 et jeudi 17 Avril, chez M. Étienne Bourgey, expert, 19, rue Drouot. (Téléphone 274-61.)

Exposition publique :

Les vendredi 18 et samedi 19 Avril, Hôtel des Ventes, salle 8, une heure avant la vente.

La vente aura lieu au comptant.

Les acquéreurs paieront dix pour cent en sus des enchères.

L'exposition mettant les acheteurs à même de juger de la qualité des pièces, aucune réclamation ne sera admise aussitôt l'adjudication prononcée.

M. Étienne Bourgey, 19, rue Drouot, se charge, aux conditions habituelles (5 0/0 sur la limite), des commissions qui lui seront confiées.

L'ordre du catalogue sera suivi ou non. L'expert se réserve le droit de diviser ou de réunir les lots.

MACON, PROTAT FRÈRES, IMPRIMEURS

COLLECTION DE M. DE MAGNEVAL

AMATEUR LYONNAIS

MÉDAILLES

1 *Louis XIII*. Buste, à dr. R'. DE LA 3e PTÉ DE MR N DE BAILLEUL. etc. 1628. Armes de Paris. Br. 38 mm. TB.
2 *Louis XV*. Secondes noces du Dauphin. Arg. 42 mm. — Mariage de Louis XVI. Arg. 30 mm. Ens. — 2 p. TB.
3 *Louis XVI*. Bustes affrontés de Louis XVI et de Marie-Antoinette. Naissance du Dauphin. Arg. 41 mm. TB.
4 Méd. relative à la mort du Roi (Hennin, 473). Arg. 34 mm. B.
5 PLEUREZ ET VENGEZ-LE, etc. (Hen. 472). Arg. 30 mm. TB.
6 Jeton relatif à la mort de Marie-Antoinette (Hen. 535). Arg. 35 mm. B.
7 *Divers*. Marie comtesse de Chambord. Arg. 36 mm. TB.
8 Conseil municipal de Lyon. 1843. Arg. 41 mm. TB.
9 Méd. au buste de Grégoire XVI. Arg. 42 mm. TB.
10 Société des mines de Malfidano. Mineur. Arg. 41 mm. TB.
11 Société d'Aviculture. Coq et Poule. Arg. 37 mm.
12 Médailles diverses. Arg. et Br. — 9 p.

MÉDAILLES ARTISTIQUES MODERNES

13 *Victor Hugo*. Son buste, à g., par Borrel. Arg. 68 mm. TB.
14 Victoire conduisant par la main un jeune artiste. Belle allégorie, par Chaplain. Arg. 77 mm.
15 *L'Opéra*. Vue de l'Opéra. R'. Plan du monument. Méd. de Lagrange. Arg. 75 mm. TB.

16 Tête de la République casquée, à g. R/. Prix du Ministère de l'Intérieur. Belle méd., par Roty. Arg. 51 mm.

17 *La jeunesse française à Chevreul.* Buste de Chevreul, à dr. R/. La Science apportant une couronne à Chevreul, à g. Très belle méd., par Roty. Arg. 68 mm.

18 *Centenaire de la fondation des langues orientales.* Personnages d'Orient en costumes nationaux Plaquette, par Borrel. Arg. 67-61. TB.

19 *La Terre.* Femme assise sur un globe et tenant des fruits de chaque main. R/. Allégorie champêtre. Méd. par Levillain. Arg. 70 mm. TB.

20 *Cinquantenaire de l'école d'Athènes.* POUR LA SCIENCE, POUR LA PATRIE. Femme assise sur un fût de colonne et tenant dans ses mains une statuette antique qu'elle vient de trouver. Belle méd. de Roty. Arg. 59 mm.

21 *Centenaire de la fondation du Muséum d'histoire naturelle* 1893. Méd. par Bottée. Arg. 68 mm. TB.

22 Jeune femme tressant une couronne dont les rameaux lui sont présentés par un amour. Unif. Belle méd., par Chaplain. Arg. 70 mm.

23 *Centenaire de la fondation de l'école Polytechnique.* 1794-1894. Arg. 68 mm. TB.

24 Tête de République de Bottée. R/. Femme aux lauriers de Rivet. Arg. 68 mm. TB.

25 *Neptune et Amphitrite.* Belle méd., par Rivet. R/. Attributs maritimes. Arg. 68 mm. TB.

26 *Musée social.* A SES OUVRIERS LA FRANCE RECONNAISSANTE. Très jolie méd., par Roty. Arg. 60 mm. Rare.

27 Médaille de mariage, par Roty. Arg. 41 mm. TB.

28 *Lyon.* Chambre de com^ce. Génie dévidant un peloton de soie. Méd. par Roty. Oct. Arg. TB.

29 *Sociétés des Auteurs et Composit^rs dramatiques.* Arg. 41 mm. TB.

30 *Gaston Menier.* Son buste, à dr. Méd., par Tasset. Br. 68 mm. TB.

31 *Gœthe.* Son buste, à dr., par Scharff. R/. Faust et Méphistophelès. Br. 68 mm. TB.

32 Tête casquée de la France, à dr. R/. Femme tenant une branche de laurier. Br. 67 mm. TB.

33 *Madame Chrysanthème.* Japonaise cueillant des chrysanthèmes, par Rivet. Br. 68 mm. TB.

34 *Canal de Panama.* Jolie méd. par Roty. Arg. 35 mm.

35 *Concours cycliste.* Ville d'Angers. Jolie méd., par Henri Dubois. Arg. 41 mm.

36 *Velleda.* Buste, à dr. Jolie méd., par Rivet. Arg. 40 mm.

37 Jardinier greffant un arbre. Arg. 36 mm. Méd. par Rivet. TB.

38 *Société des Agriculteurs français.* Jolie méd. de Remy Saint-Loup. Vermeil. 35 mm.

39 Buste de Christ, par Rivet. Arg. 36 mm.

40 *Jubilé de François-Joseph d'Autriche.* Méd. par Scharff. Arg. 27 mm.

41 *Génie protégeant l'humanité.* Un Génie debout, les ailes éployées, étend ses vêtements sur deux enfants et les protège contre les flots et l'orage. ℞. uni. Très belle plaq., par L. Coudray. Arg. 95 mm.

42 *Exposition nationale et coloniale de Rouen.* Vue de Rouen. ℞. Paysanne tricotant au pied d'un arbre. Dans le fond un paysage. Très belle méd. par Roty. Br. argenté. 68 mm. TB.

43 *Clément*, prof[r] à la Sorbonne. Son buste à dr. Unif. Br. 88 mm. Belle méd. de Max Bourgeois.

44 *Les Prisons de Fresnes-les-Rungis.* Très jolie plaquette, par Roty Ar. 80-58 mm.

45 *Funérailles du président Carnot.* Très jolie plaquette, par Roty. Br. 80-58 mm.

46 Méd. offerte par la Société des Veuves et Orphelins de l'Armée française à la musique du Reg[t] Préobrajensky. Br. 35 mm. TB.

47 *Congrès international des Éditeurs en 1896.* Br. 48 mm. TB.

48 *Centenaire de la Société G[le] d'Agriculture de l'Hérault.* Plaquette, par Rivet. Argentée. 100-90 mm.

49 Méd. offerte par les sociétés du bataillon Chanzy aux officiers de l'escadre russe. Paris, 1893. Arg. 50 mm.

JETONS

Rois, Reines, Dauphines, Princes et Princesses.

50 *Elisabeth d'Autriche.* ISABEL . P . L . G . D . DIEV . ROYNE . DOVAIRIERE . DE . FRANCE. Écu parti de France et d'Autriche. ℞. 1584. REGNAT . DEVOTA . DEO . MENS. Alérion sous une couronne rayonnante. Arg. TB.

51 *Marie de Médicis.* MARIA . DEI . GRA . FRANC . ET . NAVARAE . REG. Ses armes couronnées. ℞. 1615. REXIT ET EREXIT. Vignes enroulées à un arbre. Arg. TB.

52 *Anne-Marie-Louise de Montpensier.* 1635. TOT . SEDES . VNICA . FIRMAT. Grenade. ℞. ABSENTIS . LVCE . REFVLGENT. Étoiles. Arg. TB.

53 *Anne d'Autriche.* ANNA . DEI . GRA . FRANC . ET . NAVAR . REG. Écu parti de France. Autriche couronné. ℞. 1637. ATQUE . PER . ASPERA FLORENT. Lis fleuris poussant dans les ronces. Arg. TB.

54 Même type. R'. 1641. ET.SPES.ET.GAUDIA.PORTAT. Olivier. Cuiv. B.
55 *Louis XIII.* HOC SYDERE LILIA FLORENT. Buste de Louis XIII, à dr. R'. LOYS.XIII.ROY.DE.FRANCE.ET.NAVARE. Écus accolés de France et de Navarre. Arg. TB.
56 *Mariage de Louis XIIII.* LUD.XIIII.ET MAR.THER.D.G.FRA ET NAV.REX ET REG. Bustes en regard du roi et de la reine. R'. 1660 NON.LAETIOR.ALTER. Pluie tombant sur une contrée. Arg. TB.
57 *Marie-Adélaïde, duchesse de Bourgogne.* Buste. R'. 1699. FIRMAT ET ORNAT. Tige de lis sous le soleil. Arg. B.
58 *Marie-Adélaïde, dauphine.* Buste R'. 1712. SPLENDOR MAGNUS MAXIMA VIRTUS. Couronne ornée de lis et de dauphins. Arg. TB.
59 *Louis XV et Marie Leczinska.* Leurs bustes affrontés. R'. 1725. NUPTIALIA SACRA FON BELL. Évêque célébrant leur mariage. Arg. TB.
60 *Marie Leczinska.* Son buste, à g. R'. 1728. IN FŒDERA NATÆ. Branches nouées par un ruban. Arg. B.
61 — 1729. VOCABITVR HIC QUOQUE VOTIS. Autel orné d'un dauphin. Arg. TB.
62 — 1735. DULCIA VINCLA. Arbre entouré d'un lierre. Arg. TB.
63 — 1741. FELIX PROLE SUA. La reine et ses deux enfants. Arg. TB.
64 — 1743. MICAT INTER OMNES. Le firmament. Arg. TB.
65 — 1746. SPES JAM CERTA FUTURI. Petit palmier croissant à l'ombre d'un plus grand. Arg. TB.
66 — 1755, NOVUM EX SÈRIE.DECUS. Parterre de lis. Arg. TB.
67 — 1758. QUOT.AB UNO.LUMINE SOLES. Soleil et cadran solaire. Arg. TB.
68 *Marie Joseph de Saxe.* Seconde femme du Dauphin, fils de Louis XV. MARIA JOSEPHA DELPHINA. Sa tête, à g. R'. 1751. IT PRAEVIA PHŒBO. Le Char de l'Aurore. Arg. TB.
69 — 1750. SPERATÆ.NUNTIA LUCIS. L'Aurore dans un bige. Arg. TB.
70 — 1756. LAUDATUR.SIMILI.PROLE. Aigle et aiglon dans leur aire. Arg. TB.
71 *Louis XV.* MARIAGE DU DAUPHIN. Tête du roi. R'. 1770. PERPETUA EX NUPTIIS IMPERIORUM CONCORDIA. La Concorde assise devant un palmier auquel un amour attache les écus de France et d'Autriche. Arg. TB.
72 — Variété avec le buste habillé du roi. Arg. TB.
73 — Autre variété avec le buste de Louis XVI, à g. par Droz. Arg. TB.
74 *Sacre de Louis XVI.* LUDOVICUS XVI.REX.CHRISTIANISS. Buste couronné du roi. R'. DEO CONSECRATORI. La religion versant les saintes huiles sur la tête du Roi agenouillé. A l'exergue : UNCTIO.REGIA.REMIS. 11 JUNII 1775. Arg. TB.
75 *Marie-Antoinette.* MARIE.ANT.JOS.J REINE.DE FR.ET DE NAV. Buste, à dr. avec une grande coiffure et colliers de perles. R'. MAISON DE LA REINE. Cartouche couronné chargé de deux écus ovales de France et d'Autriche. Arg. TB. Très rare.

76 *Louis XVII*. Son buste, à g. Jeton de Van Loos. Arg. TB.
77 *Napoléon Ier*. VOTA PUBLICA dans une couronne ; au-dessous, VINDOB. XI. MART. MDCCCX. R'. NAPOLEONIS. GALL. IMP. ET M. LUDOV. FRANC. A. IMP. F. A. A. Deux torches enflammées. A l'ex. : FELICIBUS NUPTIIS. Jeton d'or. TB. Rare.
78 *Charles et Henriette d'Angleterre*. CH. MAG. ET. HEN. MA. BRIT. REX ET REG. Leurs bustes affrontés. R'. 1625. FUNDIT. AMOR. LILIA. MIXTA. ROSIS. Amour portant des gerbes de lis. Arg. TB

Trésor royal.

79 *Louis XIV*. Buste du roi. R'. 1677. QVANTVM SATIS. Écluses. Arg. TB.
80 — 1680. DITAT INEXHAVSTVS. Le soleil éclairant le monde. Arg. TB.
81 — 1681. VEHIT NON SERVAT. Aqueduc. Arg. TB.
82 — 1684. INTACTAS REDDIT. Soleil, nuages et pluies. Arg. B.
83 — 1697. DIVES INEXHAVSTIS OPIBVS. Soleil. Arg. B.
84 — 1698. LOCVPLES CONTINENTE RIPA. Paysage. Arg. TB.
85 — 1700. ARMA PRIUS NUNC DONA. Branches d'olivier sortant d'une massue. Arg. TB.
86 — 1702. UT VINCAT DISPERGIT OPES. Méléagre semant des pommes d'or sur le chemin d'Atalante. Arg. TB.
87 — 1703. AMOR DABIT ESSE PERENNES. Fleuve et rivière mêlant leurs eaux. Arg. TB.
88 — 1705. NEC SISTVNT NVBILA CVRSVM. Soleil dans les nuages. Arg. TB.
89 — 1706. ALIT VIRESQUE MINISTRAT. Main versant un arrosoir. Arg. B.
90 — 1710. NEC ASPERA SISTUNT. Plantes saxifrages sur des rochers. Arg. B.
91 — 1711. MEDIIS SPES CERTA PROCELLIS. Ancre. Arg. B.
92 — 1712. ARTE ATQUE METALLO. Vulcain forgeant. Arg. TB.
93 — 1714. PACATO PLENIUS ALVEO. Sources sortant de rochers. Arg. TB.
94 *Louis XV*. 1721. REFERET IN MELIUS LABOR. Paysan ensemençant son champ. Arg. TB.
95 — 1722. COPIA NON DEERIT. Corne d'abondance. Arg. TB.
96 — 1723. STABIT HONOS ET GRATIA VIVAX. Arbrisseaux. Arg. TB.
97 — 1725. LATE SUA DONA REPENDIT. Fleuve assis. Arg. TB.
98 — 1726. QUO. POSTULAT. USUS. Fontaine. Arg. TB.
99 — 1728. BELLO. PACIQUE. LABORAT. Forgeron. Arg. AB.
100 — 1730. ORDINE CUIQUE SUO. Soleil sur le zodiaque. Arg. TB.
101 — 1731. PROPERAT SUCCURERE TERRIS. L'Abondance dans les airs. Arg. TB.
102 — 1732. INEXHAUSTIS GENEROSA METALLIS. Mineurs. Arg. B.

103 — 1733. EX UNO OMNES. Fleuve assis. Arg. B.

104 — 1735. NON SPOLIANT HYEMES. Oranger. Arg. TB.

105 — 1737. PRINCIPIS. ÆRARIUM. ÆRARIUM POPULI. Ruche et abeilles. Arg. TB.

106 — 1738. DECET ESSE PERENNEM. Fleuve assis. Arg. TB.

107 — 1739. CRESCENT HOC SYDERE FRUCTUS. Arbres croissant sous les rayons du soleil. Arg. TB.

108 — 1740. AURI CERTA SEGES. La sybille présente à Énée le rameau d'or. Arg. TB.

109 — 1741. Génie dans un char trainé par des serpents. Arg. TB.

110 — 1742. IMMERSABILIS UNDIS. L'arche de Noé. Arg. TB.

111 — 1744. VALENT IN PONDERA VIRES. Armes attachées à un palmier. Arg. TB.

112 — 1746. AB. UNO. OMNES. Soleil entouré de constellations. Arg. TB.

113 — 1747. TERIS NON SIBI. Soleil éclairant un paysage. Arg. TB.

114 — 1749. SIBI CREDITA REDDIT. Champ de blé. Arg. TB.

115 — 1750. HAURIT UT SPARGAT. Drague. Arg. TB.

116 — 1751. NON SIBI SED ORBI. Soleil éclairant la surface de la terre. Arg. TB.

117 — 1754. DAT CUNCTA MOVERI. Constellations dans le soleil. Arg. TB.

118 — 1755. DIVISUS PRODEST. Fleuve épandant ses eaux. Arg. TB.

119 — 1756. ÆTERNITAS. Corne d'abondance et serpent enroulé. Arg. TB.

120 — 1757. INDE ROS ET FULMEN. Soleil et nuées. Arg. TB.

121 — 1758. DANT ACCIPIUNT QUE VICISSIM. Neptune debout près de deux fleuves. Arg. TB.

122 *Louis XVI.* Buste à dr. R'. S.D. TRÉSOR ROYAL dans une couronne. Oct. Arg. TB.

Conseil du roi

123 *François Ier.* IN. CONSILIO IVSTORVM. Écu trilobé et couronné de France. R'. MAGNA OPERA. DOMINI. Salamandre devant un F couronné. Arg. TB. Très rare.

124 *Charles IX.* PIETATE ET IVSTITIA. Écu entre deux colonnes. A l'exergue, FRANCIA. R'. SPOLIATIS. ARMA. SVPERSVNT. Cavalier foulant des objets précieux. Arg. TB.

125 — PIETATE. etc. Deux C entre deux colonnes. A l'exergue, CARO. IX. R'. 1566. CONCORDIA. ETERNA. La Concorde unissant deux plants de lauriers. Arg. TB.

126 — S. d. Même avers. R'. AMANS. FAVENSQ. La Loi entre Mars et la Justice. Arg. TB.

127 — S. d. PIÈTATE. etc. Écu de France soutenu par la Piété et la Justice. R̸. NON ME STANTE RVENT. Le roi debout entre deux colonnes. Arg. TB.

128 *Henri III*. NIL NISI CONSILIO. Écu. R̸. FELICES QVORVM NIDIS TVMIDA ÆQVORA CEDVNT. Alcyons dans leur nid sur la mer. Arg. TB.

129 — 1577. VINCET AMOR PATRIÆ. Couronne de laurier sur un chêne. Arg. TB.

130 — 1579. CONCORDIA CONSTRVIT.VRBES. Amphyon jouant de la lyre devant Thèbes. Arg. TB.

131 — 1582. SVBDET.VTRVMQ.POLVM. La terre et le zodiaque. Arg. TB.

132 *Henri IV*. 1598, MOVET.PRÆSENTIA.MARTIS. Guerriers devant une ville assiégée. Arg. TB.

133 *Louis XIII*. 1616. CŒLUM FIDA FOEDERA FIRMAT. Vigne enroulée à un arbre. Arg. TB.

134 1621. SPLENDIDIOR MOTU. Diamant taillé. Arg. TB.

135 — 1627. TERRAM.PERLVSTRAT.ET.VNDAS. Phare sur la mer. Arg. B.

136 — 1629. CLAVDO.SED.VT.RESEREM. La digue de La Rochelle. Arg. TB.

137 — 1634. IMPLEBO.FORTIOR.ORBEM. Aigle portant le monde. Arg. TB.

138 — 1636, HÆC.META.LABORVM. Le bras d'Hercule assommant l'hydre. Arg. TB.

139 — 1642. TEMPLO.NVNC.HABITAS. Caisse pleine d'argent dans un temple. Arg. TB.

140 *Louis XIV*. 1645. NOSTRIS PARS REDDITA TERRIS. Plan de la forteresse de Gravelines. Arg. TB.

141 — 1646. SIC REGNVM CVM PRINCIPE CRESCIT. Deux tiges de lis sous un palmier. Arg. TB.

142 — 1657. VIRTVTI.SVBDIT.VTRVMQVE. Arc et carquois sous une couronne. Arg. TB.

143 — 1661. SVA.CASTRA VICISSIM. Amour entr'ouvrant une tente. R̸. MAGNO CONSILIO. Emblèmes de la royauté sur un globe et sous le soleil. Arg. B.

Bâtiments du roi.

144 *Louis XIV*. 1698. HOC PACES HABUERE BONAE. Personnages debout. Arg. TB.

145 1703. PIETATIS INCREMENTUM. Intérieur de la chapelle de Meudon. Arg. TB.

146 — 1706. SERVAT ET ORNAT. Les bassins du Parc de Neptune à Versailles, Arg. B.

147 *Louis XV*. 1723. NUNC QUOQUE REGIA SOLIS. Vue du château de Versailles. Arg. TB.
148 — 1732. NON INDECORA QUIES. Emblèmes d'architecture et Génie assis. Arg. TB.
149 — 1744. FORTIOR.QUO RECTIOR. Équerre. Arg. TB.
150 — 1749. AVIDAE CONIUNGERE DEXTRAS. Minerve et la Paix. Arg. TB.
151 — 1753. SPLENDOR.AB.HOSPITE. Soleil dans le zodiaque. Arg. TB.
152 — 1757. UTRIQUE INTENTA. Minerve assise et édifice. Arg. TB.
153 — *Sans date*. QUID NON ARTE VALET. Caducée ailé et vue du château de la Muette, Arg. TB.

Secrétaires du roi.

154 *Henri IV*. 1602. MOLLITE COLENDO. Arbustes entrelacés. ℞. 1602. QV.ESITA REPONUNT. Ruche et son essaim. Arg. TB.
155 *Louis XIV*. 1701. DUCEM REGEMQUE SEQUUNTUR. Essaim s'élevant vers le soleil. Arg. TB.
156 —1705. Le même. Arg. TB.
157 — 1711. Le même. Arg. TB.
158 *Louis XV*. 1724. DVCEM.REGEMQUE.SEQUUNTUR. Abeilles s'élevant vers le soleil. Arg. TB.
159 — 1731. Le même. Arg. TB.
160 — 1731. Le même. Tête variée. Arg. TB.
161 *Louis XVI*. 1776. DVCEM REGEMQVE SEQUNTUR. Abeilles s'élevant vers le soleil. Arg. TB.

Écuries du roi.

162 *Louis XV*. Buste. R'. BELLI PACISQUE DECUS. Cheval. Arg. TB.
163 — Variété. Tête du roi. Arg. TB.

Argenterie du roi.

164 *Louis XV*. 1727. MUTAT FACIES SEMPER QUE DECENTER. Vertumne et Pomone. Arg. TB.

Avocats aux Conseils du roi.

165 *Louis XV*. 1751. SOLIS.FAS.CERNERE. SOLEM. Aigles regardant le soleil. Arg. TB.

166 — 1762. Mêmes aigles s'envolant d'un rocher. Arg. TB.
167 *Louis XVI*. 1762. Revers du jeton de Louis XV. Arg. TB.
168 — 1762. Même revers. Tête variée. Arg. TB.

Menus plaisirs du roi.

169 *Louis XIV*. Écu de France. R'. 1655. MINOR EST QUE FULMINA. Aigle enlevant Ganymède. Arg. TB.
170 *Louis XV*. MENUS PLAISIRS ET AFFAIRES DE LA CHAMBRE DU ROI. 1746. VICTORIS OTIA FALLUNT. Scène de théâtre. Arg. TB.

Ordinaire des guerres.

171 *Louis XIV*. 1647. IVSTIS.SPES.PACIS.IN.ARMIS. Pallas assise sur des armes. Arg. TB.
172 — 1706. DANT ULTRO PRO REGE ANIMAS. Abeilles suivant leur reine. Arg. TB.
173 — 1711. BELLO LECTA COHORS. Troupe de lions. Arg. TB.
174 — 1715. HAUD EXARMATA QUIESCIT. Pallas assise sous un olivier. Arg. TB.
175 *Louis XV*. 1727. EXPERTUS FIDELEM JUPITER. Aigle portant un foudre. Arg. TB.
176 — 1728. NOTA DOMI.BELLOQUE FIDES. Essaim sortant d'une ruche. Arg. TB.
177 — 1732. FIDISSIMA CUSTOS. Minerve assise sous un olivier. Arg. TB.
178 — 1734. ANIMIS ET VIRIBUS AEQUIS. Deux aigles volant vers le soleil. Arg. TB.
179 — 1736. AD UTRUMQUE PARATUS. Mars assis. Arg. TB.
180 — 1739. FELICI IN SEDE QUIESCIT. Guerrier assis sous un palmier. Arg. TB.
181 — 1752. SIC FUIT PERENNIS. Minerve présentant un rameau à Mars. Arg. TB
182 — 1753. IN CERTAMEN UTRUMQUE. Cavalier et fantassin. Arg. TB.
183 — 1754. FULGET AB.ASPECTU. Tournesol se tournant vers le soleil. Arg. TB.
184 — 1755. DUM AD PROELIA SURGAT. Cheval couché. Arg. TB.
185 — 1756. HINC FORTIS IN HOSTEM. Aigle regardant le soleil. Arg. TB.
186 — 1757. DISCITE JUSTITIAM. Jupiter foudroyant les Titans. Arg. TB.

Extraordinaire des guerres.

187 *Louis XIV. Extraordinaire des guerres et cavalerie légère.* 1640. REDDIT SOLIO VIRTVTES ORDREM. Porte de Turin entre AVG-TAVR. Arg. B.

188 — 1671. ANIMIS AVDACIBVS IMPLET. Lion et léopard se regardant. Arg. TB.

189 — *S. d.* FVLMINIBVS, DVM, PARCIT, IVPITER. Pluie d'or. Arg. TB.

190 — 1711. ET ROBVR ET ARMA SVPERSVNT. Centaure enlevant une nymphe. Arg. AB.

191 *Louis XV.* 1716. JUNGIT BELLI ET PACIS HONORES. Minerve entre l'olivier et l'égide. Arg. TB.

192 — 1725. COHIBERE. LABOR. Cheval attaché. Arg. TB.

193 — 1726. QUANTUS IN ARMIS. Éléphant armé en guerre. Arg. TB.

194 — 1727. NIL ARDUUM. Hercule au repos. Arg. TB.

195 — 1734. JUSSA VOLANT. Foudres. Arg. AB.

196 — 1740. CIRCUM CLAUSTRA PREMUNT. Éole retenant les vents dans leur antre. Arg. TB.

197 — 1741. QUID NON DIRUERE EFFICAX. Foudre ailé. Arg. B.

198 — 1745. FULMINAT INVITVS. Jupiter tonnant. Arg. TB.

199 — 1745. DEPOSITAS EVICIT MOLES. Torrent. Arg. TB.

200 — 1749. CLAUSIT ET SERVAT. Mars fermant le temple de Janus. Arg. TB.

201 — 1752. DOCTUS ITER MELIUS. Amour guidant un guerrier. Arg. TB.

202 — 1758. SIC FŒDERA SANCIT. Hercule abattant les Centaures à coups de massue. Arg. TB.

203 — 1761. AD UTRUMQUE PARATA. Minerve debout. Arg. TB.

204 — 1763. NON. FRANGITUR. Vent soufflant sur un arbre. Arg. TB.

205 — 1764. PACIS TUTELA DECUSQUE Armes d'armes. Arg. TB.

206 — 1765. HOC CUSTODE SECURA. Mars et la Paix. Arg. TB.

207 — 1766. MEDITANTUR PRÆLIA LUDO. Lions. Arg. TB.

208 — 1768. CRESCITAE. ASPECTU. VIS ET DECOR. Soleil et champ d'épis. Arg. TB.

209 — 1770. INVIA NVLLA VIA EST. Lions. Arg. TB.

210 — 1771. PATRIAS EXERCET AD ARTES. Aigle apprenant à voler à ses aiglons. Arg. TB.

211 *Louis XVI.* 1772. AD UTRUMQUE PARATUS. Soldat entre un canon et une charrue. Arg. TB.

212 — 1776. NEC. PAX. SINE. ARMIS. Minerve armée, debout. Arg. TB.

213 — 1777. PACEM ARMA TUENTUR. La Paix debout près de Mars. Arg. TB.

214 — 1778. INNOXIIS INNOXIA. Ruche entourée d'abeilles. Arg. TB.

Parties casuelles

215 *Louis XIII.* 1629. CLAVDO.SED.VT.RESERAM. Écluse et ville fortifiée. Arg. B.

216 *Louis XIV.* 1657. FORTUNA.LABORQUE. Gerbe de blé. Arg. AB.

217 — 1715. MUTAVIT INCERTOS HONORES. Bacchus? abandonnant Ariadne? Arg. TB.

218 *Louis XV.* 1732. TUTIUS UT VIVANT. Vue d'une orangerie. Arg. TB.

219 — 1736. CUSTODE PERRENIS. Vestale gardant le feu sacré. Arg. TB.

220 — 1739. MITTIT DE PECTORE CURA. Boussole sur une table. Arg. TB.

221 — 1744. VITANDIS FUNERIBUS. Bouclier orné. Arg. TB.

222 — 1747. IUVAT ANNUA CURA. Émondeur. Arg. TB.

223 — 1748. CASU COLLECTA REFUNDIT. Pluie tombant sur des bâtiments et s'écoulant dans des réservoirs. Arg. TB.

224 — 1755. CARPENT TUA POMA NEPOTES. Jardinier greffant un arbre. Arg. TB.

225 *Louis XVI.* CRESCITQUE CADENTIBUS UNDIS. Pluie tombant sur un torrent. Arg. TB.

Chambre aux deniers.

226 *Louis XV.* 1721. COELESTIBUS ILLA MINISTRAT. Hébé versant le nectar à Jupiter. Arg. TB.

227 — 1727. SUPERIS.PLACET.ET.IMIS. Cassolette sur une arche d'alliance. Arg. TB.

228 — 1734. OPES FRUGES QUE LARGITUR. Soleil et montagne boisée. Arg. TB.

229 — 1739. IPSO FOECUNDA QUOTANNIS. Palmier fécondé par le soleil. Arg. TB.

230 — 1742. FRUGES ET CEREREM FERUNT. Barques chargées de céréales. Arg. TB.

231 — 1743. CUSTODIT NON CARPIT. Terme dans un jardin. Arg. TB.

232 — 1745. INCOLUMI REGE LÆTITIA POPULI. Paysans dansant devant un feu de joie. Arg. TB.

233 — 1747. NUNQUAM SICCABITUR ÆSTU. Fleuve assis. Arg. TB.

234 — 1750. REGALI SPLENDET USU. Branche de laurier. Arg. TB.
235 — 1757. STUDIUM GLORIAQUE RIGANTIS. Personnage arrosant des lis. Arg. TB.
236 — 1758. NULLA TEMPESTATE MUTATUR. Arbrisseau. Arg. TB.
237 — 1758. Variété de buste à l'avers. Arg. TB.

Artillerie.

238 *De La Melleraye*. Grand-maître. Ses armes. R'. 1634. REGIT UNUS UTRUMQUE. Aigle, foudre et canon. Arg. TB.
239 *Louis XV*. 1734. SI VIS PACEM PARA BELLUM. Minerve debout entre des canons. Arg. TB.
240 1754. TACTU EMICAT INTONAT ARDET. Machines électriques. Arg. TB.
241 *Artillerie et Génie*. Buste de Louis XV. ET PLACIDO METVENDO JOVE. Minerve assise au milieu de canons. Arg. TB.
242 Même jeton au buste de Louis XVI. Arg. TB.
243 *Louis Auguste de Bourbon*. Buste. R'. ARTILLERIE. 1730. REGALIS NUNCIA PARTUS. La Renommée planant au-dessus de canons. Arg. TB.
244 — 1733. JOVIS QUO JUSSERIT IRA. Foudre au-dessus d'un globe. Arg. TB.
245 — *École d'artillerie*. 1727. NON PASSU INERTES. Tranchée ouverte devant une forteresse. Arg. TB. Rare.
246 *Louis Ch. de Bourbon*. Buste. R'. 1733. ARTILLERIE. — VAE QUIBUS HAS RUPISSE CADENAS CONTIGERIT. Canons enchaînés. Arg. TB.
247 — 1741. ET LOQUOR ET SILEO PRO TEMPORE. Trompette sur un autel. Arg. TB.
248 — 1745. IRATO JOVE NIL TUTUM. Foudre frappant un rocher. Arg. TB.

Marine.

249 *L. Al. d. Bourbon*, amiral de France. Buste. R'. MARINE. 1713. RECREAT SPES LAETA SERENI. Tritons nageant. Arg. TB.
250 — 1714. PRAESTAT COMPONERE FLUCTUS. Le char de Neptune. Arg. TB.
251 — 1718. PROPERAT REPARARE VICES. La mer. Arg. TB.
252 *Louis XV*. 1722. MANET INTEGRA VIRTUS. La lune au-dessus des flots. Arg. TB.
253 1758. FERRO ET PERNICIBUS ALIS. Guerriers ailés combattant les Harpies. Arg. TB.

254 *Louis XV.* GALÈRES. 1741. SONITU HAUD TERRENTUR INANI. Animaux marins. Arg. TB.

Particuliers.

255 *Philippe le Bon.* BENEDICTVS QUI VENIT IN NOMINE. Armes de Bourgogne-Flandre, entourées du collier de la Toison d'or. R'. ADORAMVS TE XPE ET BENEDICIMVS T. Croix à branches couronnées et recroisetées. Cuiv. TB. Rare.

256 *Renée,* fille de Louis XII. RENEE.D.FRAN.DOVAI.D.FE.DUCH.DE.CHES. Écu couronné à ses armes. R'. COMTESSE.D.GISORS ET.DAME.D.MONTARGIS. Grand R couronné sur un champ parti de lis et d'hermine. Cuiv. B.

257 *Guillard d'Espichellière, évêque de Chartres,* précédemment évêque de Tournai. PRO.LEGE.ET.GRECE.MORERI. Aigle debout, à g. R'. VICTRIX.FORTVNE.PATIENTIA. Écusson sur une crosse et entre deux oiseaux. Cuiv. TB. Rare.

258 *Louis de Guise,* cardinal, archevêque de Reims. Ses armes. R'. 1854. HÆC ARA TVEBITVR.OMNES. Colombe déposant la Sainte Ampoule sur un autel. Cuiv. TB.

259 *De Lionne,* marquis de Claveson. 1660. Écu à ses armes. R'. CAT. BEATRIX ROBERT.MARQ.DE.CLAVESON. Ses armes. Cuiv. TB.

260 *Challudet,* vicomte de Lifferme. Écu à ses armes, soutenu par deux lions. R'. ALLIANCES DE LA MAISON DES S^rs DE CHALLVDET. 1671. Huit écussons entourant le sien. Cuiv. argenté. TB. Très rare.

261 *Anne-Marie Louise,* princesse des Dombes. Son buste, à dr. R'. 1674. POTIORA RECONDIT. Grenade. Arg. B.

262 *Le cardinal Barberini.* CAR.AN.BAR.MAG.FRANC.ELEM. Son buste, à dr. R'. 1656. GRATIOR.VMBRA. Lis et abeilles. Arg. TB. Rare.

263 *Nicolas Des Maretz.* NICOLAS DES MARETZ MINISTRE D'ETAT. CONTROLEUR GENERAL.DES FINANCES ET COMMANDEUR DES ORDRES DU ROY. 1713. R'. Écu à ses armes. Cuiv. TB.

264 *Le Régent.* Buste de Louis XV. R'. PHILIP.DUX.AUREL.FR.ET.NAV. REGENS. Buste du Régent, à dr. Arg. TB.

265 *M. Fr. Vernage,* doyen de la Faculté de médecine de Paris. Son buste, à g. R' 1703. Le soleil et trois cigognes dans un cartouche. Cuiv. B.

266 *Hecquet.* Doyen de la faculté. 1713. Cuiv. B.

267 *Martinenecq.* Doyen de la faculté. 1748. Cuiv. B.

268 *Théodore Baron.* Doyen de la faculté. 1754. Cuiv. TB.

269 *Thieullier.* Doyen de la faculté. 1760 à 1762. Cuiv. TB.

270 *Des Essartz*. Son buste, à dr. Inscription en onze lignes rappelant l'opération de la section des os du pubis. Arg. TB.
271 *Vacher de la Feutrerie*. Doyen. 1779 à 1780. Cuiv. TB.
272 *Sallin*. Doyen de la faculté. 1784 à 1786. Cuiv. B.
273 *Henri Rouvière*, pharmacien en 1706. Cuiv. B.
274 *Jérôme Bignon*, avocat général. Écu à ses armes. ℞. Né le 24 août 1599, mort le 7 avril 1656. Ses armes. Arg. TB. Jeton de restitution.
275 *Monsieur, frère* du roi. LOU. STA. XA. FILS DE FRANCE MONSIEUR FRERE DU ROI GRAND M^TRE DES ORD^S ROI^X MILI^RES ET HOSP^S DE S^T LAZARE DE JERUS^M ET DE N^TRE DAME DU MONT CARMEL. 1773. ℞. Ses armes, écartelées de Savoie. Oct. Arg. TB.
276 *Le Comte d'Artois*. Son buste, à dr. ℞. MAISON DE MONS^R LE COMTE D'ARTOIS. Ses armes sur un cartouche entouré de drapeaux. Arg. TB.
277 *Robespierre*. Son buste, à dr. ℞. DÉPUTÉ DU DEPARTEMENT DE PARIS. Cuivre j. TB.
278 *Bernadotte*. Son buste, à dr. ℞. Paysan labourant ses terres. Arg. TB.
279 *Bernadotte*. Son buste à dr. ℞. Sarcophage 1844. Arg. TB.

Professions libérales.

281 *Procureurs de la cour*. La Justice assise, à g. ℞. 1713. La Justice et la Paix debout, se donnant la main. Arg. TB.
282 — Même type de la Justice. ℞. M^RE JEAN ANTOINE DE MESMES PREMIER PRESIDENT. Écu à ses armes. Cuiv. TB.
283 — Même type de la Justice. ℞. Buste habillé de Louis XV. Arg. TB.
284 *Louis XIV*. Son buste. ℞. 1653, CONDICO FOLVTVM INDEBITE. La Justice assise, a dr. Arg. TB.
285 *Chauvelin*. Écu parti à ses armes entre deux palmes. ℞. 1674. ÆQVITAS VRBIS CONSERVATIO. La Justice assise, à g. Arg. TB.
286 *Payeurs des rentes*. Tête de Louis XIV. ℞. 1709. SOLVIT INEXHAUSTUS, Fontaine et aqueduc. Arg. TB.
287 Buste de Louis XV. ℞. 1717. VIDE QUA SUMPTA REPENDO. L'Abondance debout jetant des bijoux sur une table. Arg. TB.
288 Buste de Louis XIV, à g. ℞. 1764. VIDE QUA SUMPTA REPENDO. L'Abondance assise devant une table chargée de bijoux et vidant sa corne derrière elle. Arg. TB.

289 *Contrôleurs des rentes.* Buste de Louis XV. R'. UT SIT CUIQUE SUUM. Œil ouvert au-dessus d'une table. Arg. TB.

290 *Procureurs des comptes:* Tête de Louis XIV. R'. 1708. PROCVRANT SOLITA RATIONE QVIETEM. Nid d'alcyons sur la mer. Arg. TB.

291 Variété du précédent au buste de Louis XV. Arg. TB.

292 *Syndics des Tontines.* Tête de Louis XV. R'. VIGILANS ET CUSTOS. Une grue avec sa vigilance. Arg. TB.

293 *Syndics généraux.* Tête de Louis XVI. R'. PRIVILÉGIÉS DU ROY SUIVANT LA COUR. Massue entre deux épées en pal sur champ fleurdelisé et banderole avec ERIT HÆC QUOQUE COGNITA. NON ST. IS. A l'exergue : SINDIC GENERAUX. 1779. Arg. TB.

294 *Juges et consuls.* Tête de Louis XVI. R'. INSUPER ALAS ADDIDIMUS. Ange marchant, tenant une épée et des balances. Arg. TB.

295 *Ponts et chaussées.* Tête de Louis XV. R'. NOVVM DECUS ADDIDIT VRBI. Vue d'un pont et d'une chaussée plantée d'arbres. Arg. TB.

296 *Commissaires du châtelet.* 1749. HIS. OCULIS LUSTRATA REFULGET. Vue du palais de Justice, du pont, du Châtelet et de Notre-Dame. R'. DU DOYENNÉ DE Mr GIRARD. 1772. Écu à ses armes. Arg. TB.

297 *Connétablie et maréchaussée.* Deux L cursifs et deux bâtons de maréchaux. R'. NON SINE NUMINE. Bras armé. Arg. TB.

298 *Conseillers de ville.* Tête de Louis XIV. R'. 1702. CAPIT OMNI EX ORDINE LECTOS. Bouquet. Arg. TB.

299 — Variété avec le buste de Louis XV et la date 1718. Arg. TB.

300 *Agents de change.* 1663. INTEMERATA MANVS. Femme secouant un sac d'argent sur une table. R'. CVM FOENORE SOLVIT. Soleil sur un paysage. Arg. B.

301 *Conseillers du roi. Agents de change.* 1711. ET SERVAT ET AVGET. Femme tenant un serpent et un miroir devant une cassette. Arg. TB.

302 *Notaires conseillers du roi.* Buste de Louis XIV. R'. LEX EST QVODCUNQ NOTAMUS. Sphère. Arg. B.

Académies.

303 *Académie française.* Buste de Louis XIV. R'. 1679. A L'IMMORTALITÉ dans une couronne. Arg. TB.

304 — 1717 Buste habillé de Louis XV. Arg. TB.

305 — Variété sans date. Buste du roi vieilli. Arg. TB.

306 — Autre variété. Tête du roi ceinte d'un bandeau. Arg. TB.

307 — Le même avec le buste habillé de Louis XVI. Arg. TB.

308 — Variété avec le buste drapé, à g. TB.

309 *Académie de St Luc*. Tête de Louis XV. R'. 1738. HÆC ANTIQUA MINERVA. Minerve assise, appuyée sur l'écusson de l'Académie. Arg. TB.

310 *Académie des sciences*. Buste habillé de Louis XV. R'. INVENIT ET PERFICIT. Minerve assise au milieu d'attributs scientifiques. Arg. TB.

311 — Tête de Louis XVI. R'. Minerve assise à dr. avec des attributs. Arg. TB.

312 — Variété avec son buste habillé. Arg. TB.

313 *Académie des Inscriptions et Belles-Lettres*. Buste de Louis XVI. R'. VETAT MORI. Femme debout, tenant une couronne. Arg. TB.

314 *Académie royale de chirurgie*. Tête de Louis XVI. R'. 1751. COLIT ET COLITUR. Minerve assise à g., auprès d'elle un génie ailé, tenant un écusson. Arg. TB.

315 *École royale de chirurgie*. Tête de Louis XVI. R'. 1775. SALUTI PUBLICÆ. Vue de la Faculté de médecine. Arg. TB.

316 — Variété avec son buste habillé. Arg. TB.

317 *Académie royale de peinture et de sculpture*. 1764 AMICÆ QUAMVIS ÆMULÆ. La Peinture et la sculpture assises se donnant la main. Arg. TB. Rare.

Clergé.

318 — 1665. CLER. GALL.-HIC LABOR. Vaisseau des Argonautes. R'. HIC MERCES. Nef céleste. Arg. TB.

319 — 1703. IN. AUXILIUM FIDES ET IMPERII. Assemblée d'évêques. R'. OFFERT ET BENEDICIT. Bénédiction donnée à un guerrier. Arg. TB.

320 — Convent du clergé gallican. 1710. R'. URGET PIETASQUE FIDESQUE. Prêtre et guerrier devant une table. Arg. B.

321 — Convent de 1715. L'arche d'alliance portée par quatre lévites. Arg. TB.

322 — Convent de 1725. R', LUCET ET DITAT. Soleil éclairant des plantes. Arg. TB.

223 — Convent de 1730. R'. MEDIO TUTISSIMA. Vaisseau à la voile. Arg. TB.

324 — Convent extraordinaire de 1748. Buste de Louis XV. Arg. TB.

325 — Variété avec la tête du roi. Arg. TB.

326 — Convent de 1785. Buste de Louis XVI. Oct. Arg. TB.

327 *Subventions aux établissements religieux*. Buste de Louis XV. R'. CONSOCIARE AMAT. La Religion et la Justice. Arg. TB.

328 *Paroisse de St-Jacques* en 1766. Vue du Pont-Neuf. R'. ITQUE DOCET QUE VIAM. St Jacques debout. Arg. TB.

329 Même avers. ℞. PRIMI MARTYRES. Le massacre des Innocents. A l'exergue, REUNION 1586. Coin de Gatteaux. Arg. TB. Très rare.

330 *Paroisse de Saint-Gervais.* Buste de Louis XV. ℞. AMBO NOS VITA MARTHIRO ET LAUREA DOCENT. Les saints Gervais et Protais debout. A l'exergue, LES MARGUILLIERS DE ST GERVAIS 1715. Arg. TB.

331 *Paroisse Saint-Sulpice.* CURAT CUSTODIM ET ORNAT. Châsse, palmes, encensoirs, etc. A l'exergue, LES MARGUILLIERS DE ST SULPICE 1756. ℞. Femme donnant le sein à un enfant, Arg. TB.

332 *Saint-Merry.* Buste de Louis XV à dr. ℞. 1751. MARGUILLIERS DE ST MERRY. Palmes, tiare, mitres, crosses, etc. Arg. TB.

333 *Saint-Eustache.* Le saint agenouillé devant le cerf miraculeux. A l'exergue, LES MARGUILLIERS DE ST EUSTACHE. ℞. 1726. COMMOVET ET LAUDAT. Cor de chasse et palmes. Arg. TB.

334 *Saint-Germain l'Auxerrois.* Tête de Louis XVI à g. VERA EST CONCORDIA. Un évêque et un diacre debout. A l'exergue, PAROISSE ROYALE de ST GERMAIN L'AUXERROIS 1734. Arg. TB.

Divers.

335 *Henri IV.* Écus de France et de Navarre. ℞. 1607. PAX NITITVR ARMIS. La Paix devant un trophée. Arg. TB.

336 TRESORERIE GENERALE DES FERMES D.FRANCE. Écus de France et de Navarre. ℞. 1628. SAPIENS VBI COPIA RERVM. Tête janiforme entre deux cornes d'abondance. Arg. TB.

337 FERME DES AIDES : 1639. SUPERFLUA DEMO. Paysan taillant une vigne. Arg. B.

338 *Prise de Carthagène.* Tête de Louis XIV. ℞. OMEN IMPERII MARITIMI. Couronne. Arg. TB.

339 Neptune sur son char. Jeton indéterminé au buste de Louis XIV. Arg. TB.

340 Allusion aux troubles de la fronde, 1651. Arg. AB

341 *Ordre de Saint-Louis.* Buste de Louis XV. ℞. FIRMATUR CONSILIO VIRTUS. Saint Louis debout. Arg. TB.

342 Variété du précédent. Arg. TB.

343 *Ordre du Saint-Esprit.* Buste de Louis XV, à dr. ℞. 1728. VIRTVS OMNIS AB ILLO. Saint-Esprit et flamme. Arg. TB.

344 Variété du précédent. Arg. TB.

345 *Université.* 1747. SANCTUS CAROLUS MAGNUS. Charlemagne debout. Arg. TB.

346 *Château de Bellevue.* 1750. Vue du château. ℞. 1768. NOUVEL HOTEL DES MONNOYES. L'Hôtel des monnaies actuel. Oct. Arg. TB.

347 *Maison du Roi*. Buste de Louis XVI. R. Sans légende. Écu de France entre deux palmes. Arg. TB.

348 *Maison philanthropique de Paris*. R. 1781. DONEC E COELO DESCENDAT. Arrosoir tenu par une main céleste. Arg. TB.

349 Buste habillé de Louis XVI, à dr. R. LAUREA DONANDIS APOLLINARI. Apollon couronnant Uranie. A l'exergue : SOC. DES ENFANTS D'APOLLON, 1779. Arg. TB.

350 *Compagnie des Indes*. Buste habillé de Louis XVI. R. Écu de la Compagnie entre deux Indiens dont l'un, debout, tient un arc, tandis que l'autre, assis sur un ballot de marchandises, tient une ancre. A l'exergue : COMP. DES. INDES. MDCCLXXXV. Oct. Arg. FDC. Rare.

351 1723. COMPAGNIE DES INDES. Écu couronné soutenu par deux sauvages. R. SPEM AUGET OPESQUE PARAT. Vaisseau. Arg. TB.

352 *Colonies françaises de l'Amérique*. 1751. SUB OMNI SIDERE CRESCUNT. Sauvage et plants de lis. Cuivre. TB.

353 *Société royale d'Agriculture de Paris*. EX. UTILITATE. DECUS. Charrue. R. Le Roi recevant la ville de Paris. Oct. Arg. TB.

354 *Association pour la construction des trois ponts en fer sur la Seine*. L'an 9. Vue de la Seine et du Louvre. Oct. Arg. TB.

355 — La même pièce. Cuivre. TB.

356 *Coches de la Haute-Seine*. Corne d'abondance entre deux ancres. R. AN. SIX. Vue de la Seine et du coche d'eau. Oct. Arg. TB.

357 *Lycée des Arts*. 1792. Apollon debout. R. AUX ARTS dans une couronne. Arg. TB.

358 *Conservatoire*. CONSERVATOIRE DE MUSIQUE. Lyre. Arg. TB.

359 *Jeton de Mariage*. Amour jouant de la lyre et chevauchant un lion. R. OMNIA VINCIT AMOR ET NOS CEDAMUS AMORI dans une couronne. Oct. Arg. TB.

360 Deniers pour épouser. Arg. — 8 p. variées. TB.

361 *Chambre de Commerce de Paris*. 1804. NAPOLEON BONAPARTE EMPEREUR. Tête laurée, à dr. Oct. Arg. TB.

362 *Comptoir Commercial*. PACTE DES NÉGOCIANTS, BONAPARTE 1er CONSUL, AN X. Caducée ailé, épis de blé et grappe de raisin. R. COMPTOIR COMMERCIAL. Serpent entourant un coffre. Oct. Arg. TB.

363 *Caisse d'escompte du commerce*. NAPOLÉON BONAPARTE, CONSUL A VIE, 15 AOUT 1802. Buste à dr. R. La Prudence debout tenant une lampe antique. Oct. Arg. TB.

364 *Caisse d'escompte*. Femme assise auprès d'une caisse remplie d'argent. Oct. Arg. TB.

365 Variété du précédent. Oct. Cuiv. TB.

366 *Cloître Notre-Dame*. EAU CLARIFIÉE ET DEPURÉE. DIX VOIES, 1811. Cuiv. TB.

433 435

547 553

554 555

556 558

559

50 75

123 402

403 415

420 431

284

:ienne BOURGEY, expert, 19, rue Drouot, Paris.

Phototypie Berthaud, Paris

367 Même jeton. 1 voie, 1809. Cuiv. TB.
368 *Société des inventions et découvertes*, en 1791. Cuiv. TB.
369 Loge de Saint-Eugène, 1803. Jeton maçonnique. Cuiv. TB.
370 Triple unité écossaise, 1804. Jeton maçonnique. Arg. TB.
371 Loge des sept Écossais réunis, 1809. Cuiv. TB.
372 Jeton maçonnique. Grand Orient Français. Arg. TB.
373 Loge La Clémente Amitié. Arg. TB.
374 *Société Médico-Philanthropique*, 1806. Cuiv. Rare. TB.
375 *Hôpital militaire* de perfectionnement. Jeton du concours sous Louis-Philippe. Oct. Arg. TB.
376 *Société des Trente.* Jeton au buste de Nicolas Poussin. Oct. Arg. TB.
377 *Le Monde.* Compagnie d'Assurance sur la vie humaine. Arg. TB.
378 Banque de France. Expert du gouvernement. Arg. Ens. — 2 p. TB.
379 Compagnies d'Assurances diverses. Oct. Arg. — 4 p. TB.
380 *Société des Bibliophiles.* Jeton au buste de Ja. de Thou. Arg. TB.

Paris.

381 *Prévôté de M. de Mesmes.* 1619. REGALIBVS IBO PER ALTVM.AVSPICIVS. Couronne. Arg. TB.
382 — *3e prévôté de M. Alex. de Sève.* 1660 HANC REX PACE BEAT. Cuivre. TB.
383 — 1744. *1re prévôté de M. Louis Bazile de Bernage.* Écu à ses armes. Arg. TB.
384 — 1767. *2e prévôté de M. Arm. Jér. de Bignon.* Écu à ses armes soutenu par deux anges. Arg. TB.
385 — 1773. *Prévôté de M. de la Michodière.* Écu à ses armes. Arg. TB.
386 Deuxième prévôté de M. de la Michodière 1776. Arg. TB.
387 — 1788. *3e prévôté de M. Le Pelletier.* Écu à ses armes. Oct. Arg. TB.
388 — 1624. *Ph. de Chaillou, receveur des pauvres.* Écu à ses armes. Cuiv. TB.
389 — *Cour des Monnaies.* Jeton de M. Jac. Poitevin, président. Cuiv. TB.
390 *Élection de Paris.* Jeton de 1596. Cuiv. B. — Autre au buste de Louis XV. Arg. TB. — Ens. 2 p.
391 — Variété. Tête du roi variée. Arg. TB.
392 Statue de Louis XIV. R'. Vue de la Ville de Paris. Arg. TB.
393 *Louis XV.* Buste. R'. LA VILLE DE PARIS. Vue de la Ville. Arg. TB.

394 — Variété avec la tête du roi plus âgée. Arg. TB.
395 *L'hôtel de Ville.* Buste de Louis XVI, par Droz. R'. LHOSTEL DE VILLE DE PARIS. Vue de l'hôtel de Ville. Arg. TB.

Corporations.

396 *Marchands.* 1656. MENS.OMNIBUS UNA. Ruche et abeilles. R'. EX.FLAMINE.VIRES. Vaisseau à la voile. Arg. TB.
397 *Les juge et consuls des marchands.* LVDOVICVS.MAGNVS.REX. Statue équestre. LES.IVGE.ET.CONSVLS.DES.MARCHANDS.A.PARIS. 1697. Vaisseau à la voile. Arg. TB.
398 *Premier corps des marchands. Drapiers.* UT.COETERAS DIRIGAT. Vaisseau à la voile. A l'exergue : LE PREMIER CORPS DES MARCHANDS DE PARIS. Vaisseau à la voile. R'. PRIMÆ.SPES VNA CARINÆ. Toison suspendue à un ruban. A l'exergue : H.DEROSNEL.1705. Cuiv. TB. Rare.
399 — Même type. R'. LA VILLE DE PARIS. Vue de Paris en aval du Pont-Neuf. Arg. TB.
400 *Marchands traiteurs.* Tête de Louis XV. R'. MATER CHRISTI. La Vierge et l'Enfant Jésus. A l'exergue : COMMVNAVTE DES M[D] .TRAITTEURS. 1710. Arg. TB.
401 *Marchands de vin.* ÆQUATIS.IBUNT.NOSTRIS. Armes de la corporation dans un cartouche. A l'exergue : LES.GARDES.MARCHANDS.DE.VINS. R'. REGUM.MENSIS.ARISQUE.DEORUM. Calice sur un autel. Arg. TB.
402 *Jurés vendeurs de volailles.* Buste de Louis XV. R'. PRODERIT.HIS.PECUS.UT.VOLUCER. Adam et Ève sous le pommier. Oiseaux, volailles et bétail. A l'exergue : JVREZ.VENDEVRS.CONT.DE.VOLLAILLE. Arg. TB.
403 *Pâtissiers marchands d'oublies.* Buste de Louis XV. R'. MAITRES PATISSIERS OUBLAIERS DE PARIS 1770. Moules pour pâtisseries et oublies suspendus par un ruban dans une couronne de chêne. Arg. TB. Rare.
404 *Rôtisseurs-pâtissiers.* Buste de Louis XVI, à g., par Droz. R'. MAITRES TRAITEURS.ROTISSEURS.PATISSIERS. Champ lisse. Cuiv. B.
405 *Distillateurs.* Buste de Louis XV à dr. R. TOTUM IN SPIRITU IN CORPORE NIHIL. Saint Louis agenouillé regardant le Saint-Esprit descendant du ciel ; à l'exergue : COMMUNAUTÉ DES DISTILLATEURS M[DS] D'EAU DE VIE. Arg. TB.
406 Même jeton au buste de Louis XVI. Arg. TB.
407 *Maçons.* Buste de Louis XV. R'. ARTE.SOLIDITAS. Pont et édifice. A l'exergue : ART.DE.LA.MAÇONNERIE. Arg. TB.
408 — Tête de Louis XVI. Même revers. Cuiv. B.

409 Buste de Louis XVI. R'. CONSOCIARE AMAT. Minerve tenant une équerre et un sceptre. Arg. TB.

410 LEX.EST.QUODCVMQ.NOTAMVS. 1715. Sphère. R'. CONSOCIARE.AMAT. Minerve. Arg. TB.

411 RÉUNION DES ENTREPRENEURS DE MAÇONNERIE DE PARIS. Compas et équerre. R'. LE 13 JANVIER 1810 dans une couronne. Oct. Arg. TB.

412 CHAMBRE DES ENTREPRENEURS DE MAÇONNERIE. Ruche. R'. LE 13 JANVIER 1810 dans une couronne. Oct. Arg. TB.

413 *Experts et greffiers des bâtiments.* Tête de Louis XV. R'. OMNIA CVM PONDERE NUMERO ET MENSVRA. L'architecture assise à g. mesurant un plan. Arg. TB.

414 — Type du précédent. R'. RECTI IRREQVIETA CVPIDO. Bâtiment et fil à plomb. A l'exergue : EXPERTS DES BASTIMENS. Arg. TB.

415 *Charpentiers.* Buste de Louis XVI. R'. SERIES JUNCTURA QUE POLLENT. Grue élévatoire, passerelle, bateau et palais en construction. A l'exergue : L'ART DE LA CHARPENTERIE 1775. Arg. TB.

416 *Menuisiers ébénistes.* 1748. SIC.FINGIT.TABERNACULUM.DEO. Sainte Anne enseignant la Vierge. R'. COMMUNAUTE.DES.MAISTRES MENUISIERS ET EBENISTES en cinq lignes au-dessus d'attributs. Arg. TB.

417 *Contrôleurs des bois à bâtir.* Buste de Louis XV. R'. SENSU JUSTITIA REDDITUR OMNI. Minerve assise. Oct. Arg. TB.

418 *Charrons.* Tête de Louis XV à dr. R'. ROTA PALMAM. Sainte Catherine debout ; à l'exergue : COMMUNAUTÉ DES MAITRES CHARONS AVRIL 1755. Arg. TB. Rare.

419 *Vitriers.* Buste de Louis XV habillé. R'. COMTE.DES.MES.VITRIERS.PEINTRES.SVR.VERRE.DE.PARIS.1715. Leurs armoiries sur un cartouche. Arg. TB.

420 — Le revers du précédent. R'. Lisse. Cuiv. B.

421 *Miroitiers et opticiens.* Buste de Louis XV à dr. R'. Autour d'une table sur laquelle sont placés des instruments d'optique, se trouvent deux personnages ; l'un est assis devant un miroir, l'autre examine les astres au moyen d'un télescope. A l'exergue : COMTÉ des MDS MIROITIERS ET OPTICIENS, 1770. Arg. TB. Très rare.

422 *Doreurs.* Tête de Louis XV. R'. COMTÉ DES ME DOREURS ARGENTEURS CISELEURS SUR TOUS METAUX. 1765. Saint Éloi debout, regardant le ciel. Arg. TB.

423 *Orfèvres.* Tête de Louis XIV. R'. IN.SACRA.INQVE CORONAS. Cartouche aux armes des orfèvres. A l'exergue : AURIFICES PARISIENSES. 1700. Arg. TB.

424 *Horlogers.* Buste de Louis XV à dr. R'. SOLIS MENDACES ARGUIT HORAS. Minerve montrant une horloge. A l'exergue : HORLOGERS DE PARIS. Arg. B.

425 *Fabricants d'étoffes or et argent.* Tête de Louis XV. R'. MARCH. FABRIQVANTS. D'ETOFFES. D'OR. ARGENT. ET. SOYE. D'ETABLISSEM. ROYAL A PARIS. Leurs armes dans un cartouche couronné. Arg. TB.

426 *Bonnetiers.* Tête de Louis XV. R'. QVANTOS. DVO. FLECTIT. IN. VSUS. Armes de la corporation dans un cartouche. A l'exergue : LES M^{DS} BONNETIERS. 1716. Arg. TB.

426 *bis.* Variéte. 1758.

427 *Merciers.* SALVTIS SPEM CONFIRMABIT. 1655. Saint Louis assis. R'. Les trois navires de la corporation. — Variété du précédent. Saint Louis debout. Cuiv. — Ens. 2 p. B.

428 *Brodeurs.* MARCHANDS. BRODEVRS. CHASVBLIERS. Armes de la corporation dans un cartouche. R'. SANS. VOVS. JE. NE. PVIS. VIVRE. 1704. Le soleil éclairant des plantes. Arg. TB.

429 *Teinturiers.* SIBI. CREDITA. REDDIT. Champ d'épis. A l'exergue : TRESOR ROYAL. 1749. R'. DE TE LUX DE LUCE COLORES. Le soleil éclairant des plantes. A l'exergue : $MARCH^{S}$. $TEINTV^{S}$. DE BON TEINT. Arg. TB.

430 — Buste de Louis XVI. R'. Le revers précédent. Arg. TB.

431 — *Verriers, fayenciers, etc.* Tête de Louis XV. R'. M^{DS}. VERRIERS. FAYANCIERS. EMAILLEURS. PATENOTRIERS. 1767. Un œil rayonnant au milieu d'attributs. Au-dessus XII. Arg. TB.

432 *Tapissiers.* Buste de Louis XV. R'. LA. $COMM^{TE}$. DES. M^{DS}. TAPISSIERS. DE. PARIS. 1726, Saint Louis debout. Arg. TB.

433 *Barbiers.* Buste de Louis XV. R'. $COMM^{TE}$. DES. BARBIERS. PERRUQUIERS. DE. PARIS. 1719. Saint Louis debout. Arg. TB. Rare.

434 *Corroyeurs.* Buste de Louis XVI. R'. M^{T}. CORROYEURS PORTEURS DE LA CHASSE DE S^{T} MERRY. 1755. Quatre hommes portant une châsse. Arg. TB.

435 *Fourbisseurs.* CHRISTI VIAS PARANTI. 1742. Saint Jean-Baptiste assis, prêchant une femme agenouillée. R'. AD. TVTELAM REGIS ET HEROUM DECUS. Amas d'armes, de palmes et de drapeaux. A l'exergue : COMMVNAVTÉ DES FOVRBISS. Arg. TB. Très rare.

436 *Libraires et typographes.* MDCCXXIII. Cartouche aux armes de la corporation. R'. EX UTROQUE LUX. Livre ouvert sous les rayons du soleil. A l'exergue : BIBLIOPOLÆ. ET. TYPOGRAPHI. PARISES. Arg. TB.

437 Jeton de l'imprimerie Lange Levy et Cie 1837. Oct. Arg. TB.

438 Comité consultatif d'art typographique 1837. Arg. TB.

439 *Bourreliers.* Buste de Louis XV. R'. VENI CORONABERIS. L'Assomption. A l'exergue : COMMUNAUTÉ DES MAIT. BOURRELIERS. 1403. Arg. TB.

440 *Monnayeurs et ajusteurs de la monnaie.* DANT. PRETIUM. Balancier. A l'exergue : MONNOYEURS. DE. LA. MONNOYE. DE. PARIS. 1767. R'. DANT. PONDUS. Instruments de monnayage. A l'exergue : AJUSTEURS. DE. LA. MONNOYE. DE. PARIS. 1767. Arg. TB.

441 — Le même jeton plus petit. Arg. TB.
442 *Monnayeurs*. Buste de Louis XV habillé. R'. ET.LEGE ET PONDERE. Balancier. A l'exergue : MONNOYE 1723. Arg. TB,
443 — Buste de Louis XVI. R'. Même revers sans date. Arg. TB.
444 — *Huissiers commissaires-priseurs*. Tête de Louis XV. R'. ELECTIS. FIDITE. Thémis assise. A l'exergue : HUISSIERS COMISS.PRISEURS. Arg. B.
445 — Le même. Cuiv.B.
446 *Commissaires-priseurs* sous Louis XVIII. Oct. Arg. TB.
447 Le même sous la 3e République. Oct. Arg. TB.
448 *Épiciers et apothicaires*. IN.HIS.TRIBUS VERSANTUR. Cartouche aux armes des pharmaciens. A l'exergue : MARCDS APOTHICAIRES EPICIERS. R'. LANCES ET PONDERA SERVANT. Cartouche aux armes des épiciers. A l'exergue : MARDDS EPICIERS ET APOTIQUAIRES. 1710. Arg. TB.
449 *Collège de pharmacie*. Buste de Louis XVI drapé à g. R'. IN HIS TRIBUS VERSANTUR. Écu des pharmaciens sur un cartouche. A l'exergue : COLLEGE DE PHARMACIE. 1778. Arg. TB.
450 — ET.VIGIL ET PRUDENS. Coq et serpent en regard. R'. Le revers précédent. Arg. TB.
451 *Commerce de charbon à terre* 1813. Mine et mineurs. Oct. — *Officiers porteurs de charbon*. Cuiv. — Ens. 2 p. B.
452 *Recruteurs*. MARCHE A MOY LA VIOLETTE. Corps de garde. R'. O THOMA REVEILLE TOI. Femme secouant un ivrogne. Cuiv. TB.
453 *Jardiniers*. CULTORI AUREA POMA. Corbeille de pommes du jardin des Hespérides. R'. Caisse d'orangers dans un jardin. A l'exergue : HORTUS HESPERIDUM. Oct. Arg. TB.
454 *Commerce de bois flotté* Buste de Jean Rouvet. Arg. TB.
455 *Commerce de bois flotté*. Buste de Salonier. R'. PETITES RIVIERES. Mercure surveillant des bûcherons. Oct. Arg. B.
456 *Commerce de la boucherie*. Tête de Napoléon Ier. R'. 1810. SOUS L'ADMINISTRATION DU COMTE DUBOIS PREFET DE POLICE. Taureau cornupète à g. Oct. Arg. TB.
457 *Employés à l'éclairage*. Tête de Louis XIV. R'. LATE.CVNCTA PROFVNDIT. Femme conduisant un bige et tenant un flambeau. Arg. TB.
458 Le même jeton sous Louis XV. Arg. TB.

Province.

459 *Angers*. Mairie de M. Michel Falloux. 1714. NON SIBI SED POPULO. Ruche. Cuiv. TB.
460 *Avallon*. SOCIETÉ MELOPHILE D'AVALLON, 1787. Arg. TB.

461 *Aveyron.* Compagnie des Houillères et Fonderies de l'Aveyron. Oct. Arg. TB.
462 *Bayonne.* Buste de Louis XV. R'. 1738. Écu de la ville. Arg. TB.
463 *Bordeaux.* 1750. Chambre de Commerce sous Louis XV. Arg. TB.
464 Courtiers royaux sous Louis XVI. 1768. Arg. TB.
465 *Bougival.* Ponts de Bougival et de Croissy. Oct. Arg. TB.
466 *Bourgogne.* Jetons des États. IL ASSEVRE MON REPOS. Le roi sous les traits d'Hercule. A l'exergue, MDCLXXXVIII. Arg. B.
467 — 1692. CVRVATA RESVRGET. Épis se relevant sous le soleil. Arg.
468 — 1694. SECVRA DVABVS. Vaisseau retenu par deux ancres. Arg. B.
469 — 1707. CERTA DUCUNT SIDERA. Vaisseau sous deux étoiles. Arg. TB.
470 — 1722. NOBIS DUX IDEM SOLIQUE. Trois oiseaux. Arg. TB.
471 — 1725. REGIT ME ET DIRIGIT ORBEM. Cadran solaire. Arg. TB.
472 — 1728. ROBUR ET DECUS NOVUM. Génie appuyé sur les écus de Condé et de Hesse-Reinfed. Arg. B.
473 — 1731. HÆRET HAUD INGRATA. Vigne autour d'un chêne. Arg. TB
474 — 1743. Buste de Louis XV. Arg. TB.
475 — 1746. Même buste varié. Arg. TB.
476 — 1770. Tête du roi vieillie. Arg. TB.
477 — 1773. Même tête variée. Arg. TB.
478 — 1776. Tête de Louis XVI. Arg. TB.
479 — 1779. Buste de Louis XVI drapé, à g. Arg. TB.
480 — 1782. Buste habillé de Louis XVI. Arg. TB.
481 — 1789. Même buste varié. Arg. TB.
482 Jetons des Élus, 1715. ORBI LUX ALTERA. Lune. R'. VICTOR AMÉDÉE DE LA FAYE. Écu à ses armes. Arg. B. Troué.
483 — 1722. NOBIS DUX IDEM SOLIQUE. Trois oiseaux. R. Même revers de V.-A. de la Faye. Arg. TB.
484 — COMITIA BURGUNDIÆ. 1782. Armes de Bourgogne. R'. Écu aux armes de Bernard de Sassenay. Cuiv. TB.
485 Jetons des États de différentes années. Cuiv. — 28 p. B. et TB.
486 1719. René Constant, comte de Pons, seigneur de Verdun et Semaize. Cuiv. TB.
487 *Dijon.* 1685. Écu aux armes de Dijon. R'. M. de Badière, vicomte mayeur. Écu à ses armes. Arg. TB.
488 — 1730. Philibert Baudot. Écu de Dijon. R'. Écu aux armes du maire Baudot. Arg. TB.
489 — 1748. Jean-Pierre Burteur, vicomte mayeur. Écu de Dijon. R'. CERTE CONTINGERE METAM. Armes du maire. Arg. TB.
490 — Guillaume Raviot, vicomte mayeur. Écu de Dijon. R'. 1778. REGI. ET. PATRIÆ. FIDELIS. Écu aux armes de Raviot. Arg. TB.
491 Élus. Vicomtes mayeurs, etc. Cuiv. — 22 p. B. et TB.

492 Société des Canaux de Bourgogne et d'Arles à Bouc. Oct. Arg. TB.
493 *Joigny*. Notaires de l'arrondissement. Oct. Arg. TB.
494 *Bretagne*. Jetons des États. IECTONS DES ESTAS DE BRETAGNE. Armes. ℟. POTIVS MORI QVAM FEDARI. Hermine passant sur un champ semé d'hermines. Arg. TB.
495 — Autre avec CALCVLI COMITIORVM BRITANIÆ. Mêmes types. Arg. TB.
496 — Louis XIV. Jeton de 1705. Arg. TB.
497 — 1711, 1738, 1760. Mêmes jetons. Arg. — 3 p. TB.
497 *bis*. — Jetons de 1768, 1770, 1776. Arg. — 3 p. TB.
498 — Jetons de 1782 et 1786. — 2 p. Arg. TB.
499 *Nantes*. Jacques Chapète, 1668 et 1671. — J. Frémond, 1680. — Ens. 3 p. Cuiv. B. TB.
500 Mairies de M. du Mesnard Pavillon, 1682. Bellabre, 1752. — 2 p. Cuiv. TB.
501 1740. Armes de la ville. ℟. DE LA SECONDE MAIRIE DE MR DARQUISTADE. Ses armes sur un cartouche. Arg. TB.
502 *Châteaudun*. Compagnie des Notaires. Oct. Arg. TB.
503 *Chartres*. Jeton de la ville sous Louis XVI. Arg. TB.
504 *Cher*. Notaires de l'arrondissement de Bourges sous Napoléon III. Oct. Arg. TB.
505 *Dieppe*. Buste de Louis XV. ℟. CIVICO, FOEDERE PRODERIT. Armes de la ville. A l'exergue : EDIL. DEPPÆ COMIT. 1762. Arg. TB.
506 Jeton de la Société des cœurs réunis, 1784. Arg. TB.
507 *Douai*. Loge de la Parfaite union, 1802. Cuiv. TB.
508 Autre jeton de la même loge. 1803. Cuiv. TB.
509 *Dreux*. Chambre des Notaires en 1834. Oct. Arg. TB.
510 *Fins*. Compagnie des Mines de Fins et de Noyant en 1785. Coin de Droz. Cuiv. TB.
511 *Canal de Givors*. LIGERIM. RHODANUS. ARDET. Le Rhône s'emparant de la Loire. ℟. CANAL DE GIVORS. 1781 dans une couronne de roseaux. Arg. TB.
512 *Granville*. Pose de la 1re pierre du port, le 10 août 1828. A M^R LE COMTE J. D'ESTOURMEL, PRÉFET, LA VILLE DE GRANVILLE RECONNAISSANTE. Oct. Arg. TB.
513 Port de Granville sous Louis XVIII. Arg. TB.
514 *Le Havre*. **La Sphère**. Cie anonyme d'assurances maritimes. Arg. TB.
515 **La Gauloise**. Cie anonyme d'assurances maritimes. Oct. Arg. TB.
516 **La Manche**. Cie d'assurances maritimes. Arg. TB.
517 *Languedoc*. Jetons des États. Tête de Louis XIV. ℟. 1703. Armes. Arg. AB.
518 — 1707. Même type. Arg. TB.
519 1709. Même type. Arg. AB.

520 — Buste de Philippe d'Orléans, régent. Ṛ. Buste de Louis XV. A l'exergue COM.OCCIT.1718. Arg. TB.

521 — Buste couronné de Louis XV. Ṛ. Le sacre du roi. A l'exergue, COM.OCCIT.1727. Arg. TB.

522 — Bustes affrontés de Louis XV et de Marie Leczinska. Ṛ. Génie tenant un flambeau. A l'exergue, MDCCXXVI. Arg. TB.

523 — Jeton de 1730. L'Abondance assise de face. Arg. TB.

524 — 1736. Amour tenant l'écu du Languedoc. Arg. TB.

525 — 1741. Écu penché, couronné. Arg. TB.

526 — 1742. Écu droit, couronné. Arg. TB.

527 — 1744. Minerve assise sur des nuages, tenant l'écu. Arg. TB.

528 — 1747. Le pont du Gard. Arg. TB.

529 — 1749. Femme couchée sous des oliviers. Arg. TB.

530 — 1756. Écu du Languedoc. Arg. TB.

531 — 1762. Navire à la voile. Oct. Arg. TB.

532 — 1768. Écu du Languedoc. Arg. TB.

533 — 1776. Buste habillé de Louis XVI. Ṛ. Écu du Languedoc. Arg. TB.

534 — 1777. Tête de Louis XVI. Ṛ. Écu du Languedoc. Arg. TB.

535 1782. Tête de Louis XVI par Droz. Ṛ. Variété de l'écu. Coin de Droz. Arg. TB.

536 — 1785. Le buste habillé du roi. Arg. TB.

537 — 1786. Même buste. L'écu du revers sur un cartouche différent. Arg. TB.

538 *Laon*. Chambre des notaires de l'arrondissement en 1810 Buste de Napoléon Ier. Oct. Arg. TB.

539 *La Rochelle*. Chambre de commerce. Buste juvénile de Louis XV. Ṛ. FAVENTE DITABO. Vaisseau. Arg. TB.

540 — Variété. Buste adolescent. Arg. TB.

541 — Autre. Buste âgé. 2 variétés. Arg. TB.

542 — Chambre de commerce, 1751. DITAT ET ORNAT. Vaisseau. 8 variétés du buste ou de la tête du roi : à diviser. 8 p. Arg. TB

543 *Lyon Le cardinal de Tencin*. Son buste à dr. Ṛ. Écu à ses armes. Arg. TB. Rare.

544 CLAVDE DEMADIERES PREMIER ESCHEVIN DE LYON. Écu à ses armes. Ṛ. NIL. VENTI.SINE.RECTORE. Vaisseau voguant, à dr., précédé d'un pilote. Grand jeton. Cuiv. TB.

545 DE LA TROISIEME PREVOSTE DES MARCHANDS DE MR LOVIS RAVAT 1713. Écu à ses armes. Ṛ. MESSIEVRS.BOVRG.FERRARY.TROLIER.BORNE.ES[N].D.LYON. 1713. Leurs quatre écus. Arg. TB.

546 Même avers de Louis Ravat. 1713. Ṛ. Armes de Lyon dans un cartouche entre le Rhône et la Saône personnifiés, debout. Arg. TB.

547 NOBLE . JACQVES . BOVRBON . ECHEVIN . DE . LYON. Écu à ses armes dans un cartouche. R'. L'écu de Lyon entre le Rhône et la Saône debout. Arg. TB.

548 Sans légende. Écu aux armes de Perrichon dans un cartouche enguirlandé. R'. Même écu de Lyon. Sans date. Arg. TB.

549 NOBLE-ANTOINE . PANNIER . ECHEVIN . DE . LYON. Écu à ses armes. R'. Même écu de Lyon. Sans date. Arg. TB. Rare.

550 DE . LA . PREVOTE . DE M^R . LE . PRESIDENT PIERRE . DUGAS. 1751. Écu à ses armes soutenu par deux lions. R'. Même écu de Lyon. Arg. TB.

551 5^E PREV^TE D . M^RE J . B . FLACHAT . ECU^R CH^E D . L'ORD . DU ROY . SIG^R D . S^T BONNET. Écu à ses armes entre deux aigles. R'. Le revers précédent. Sans date. Arg TB.

552 *6me Prévoté de Flachat.* Mêmes types, avec la date 1763. Arg. TB.

553 CHARLES . CLAUDE . BRIASSON . ECHEVIN . DE . LYON. Écu à ses armes dans un cartouche. R'. Écu de Lyon entre le Rhône assis et la Saône couchée, vue de dos. Sans date. Arg. TB.

554 NOBLE-JOSEPH REVERONY ECHEVIN DE LYON. Ses armes. R'. Cartouche aux armes de la Ville entre le Rhône et la Saône. Arg. TB. Rare.

555 NOBLE . CLAUDE . SERVAN . ECHEVIN . DE . LYON . 1765. Écu à ses armes sur un cartouche. R'. Même revers de Lyon. Arg. TB.

556 NOBLE . JEAN . ANTOINE . ROUX . L'AINÉ . ECHEVIN . D . LYON . 1766. Écu à ses armes. R'. Même écu de Lyon. Arg. TB.

557 NOBLE . ANDRÉ . RAMBAUD . L'AINE . ECHEVIN . DE . LYON . 1769. Écu à ses armes. R'. Même revers. Arg. TB.

558 NOBLE . JEAN . MATHIEU . CHANCEY . ECHEVIN . DE . LYON . 1774. Écu à ses armes. R'. Mêmes armes de Lyon. Arg. TB.

559 NOBLE MATHIEU . RAST . ECHEVIN . DE . LYON . 1776. Écu à ses armes, entre deux lions assis, sur un piédouche. R'. Même revers de Lyon. Arg. TB.

560 NOBLE . IA^E BOVRG . ESCHEVIN . D . LA . VILLE . D . LYON. Écu à ses armes sur un cartouche. R'. Écu de Lyon entre le Rhône et la Saône debout. Sans date. Arg. TB.

561 Jean Flachat. Claret de la Tourette. Riverieux. — Ens. 3 p. Cuiv. TB.

562 + IACQVES . DAVEYNE . PRES . ET . TRES . GNAL . D . FRANCE. Écu à ses armes. R'. + DAMOIZELLE . CATHERINE . DE . MOLLA. Écu parti de d'Aveyne et de Molla, entouré de feuillage. Arg. TB.

563 Bathéon de Vertrieu et Bonne Pupil des sablons. Sa femme. Cuiv. TB.

564 Pierre Nicolau, écuyer, trésorier général de la Ville. Ses armes. Arg. TB.

565 *Société de pharmacie.* CLAUDE.GALIEN. Sa tête à dr. ℟. SOCIETÉ DE PHARMACIE DE LYON.1708. Minerve nourrissant un serpent. Arg. TB.

566 *Collège de médecine.* AD VITAM ARTE REDUCIT. Esculape secourant un guerrier. ℟. ET VIGIL ET PRUDENS. Coq et serpent affrontés. A l'exergue : COLLEG.MEDIC.LUGD. Arg. TB.

567 *Société de médecine.* HIPPOCRATES. Tête à g. ℟. STUDIO ET ARTE. Serpent autour d'un arbre. A l'exergue, SOC.MED.LUGD.1789. Arg. TB.

568 *Société des amis des arts.* COMMERCII ET ARTIVM AMICI MDCCCV. Caducée entre deux cornes d'abondance. Arg. TB.

569 *Société linéenne.* Sans légende. Buste de Linné à dr. Arg. TB.

570 *Archers.* DARE VULNERA POSSUMUS HOSTI. Apollon demi-nu, ayant posé sa lyre, s'apprête à tirer un oiseau posé sur une cible, tandis qu'à ses pieds se roule le serpent Python. A l'exergue, ACAD.LUGD.SAGIT. ℟. VICTORI.PRÆMIA.PONIT. Le Rhône et la Saône debout. Entre eux, l'écusson de Lyon dans un cartouche très orné. Arg. TB. Très rare.

571 COMP^IE DE L'ARQUEBUZE.DE.VILLENEUVE DE LYON. Armes de Villeneuve. ℟. SCOPUS.OMNIBUS.UNUS.1770. Arquebuses en sautoir devant une cible. A l'exergue : PATRIÆ.ET.CONCORDIÆ. Arg. TB. Rare.

572 Écu de Lyon entre le Rhône et la Saône assis. ℟. ET JOCIS ET BELLO. Cible, arquebuses croisées et drapeau. A l'exergue : ACAD. LUGDUNENSIS. SCLOPETARIA.1741. Arg. TB.

573 — Variété. L'écu de Lyon avec la légende VICTORI.PRAEMIA.PONIT. et les deux fleuves debout. Arg. TB.

574 — Autre variété, sans légende, et sans les fleuves, mais la tête du roi dans un cartouche au-dessus de l'écu posé sur un cartouche orné. Arg. TB.

575 *Imprimeurs.* Double cartouche aux armes des imprimeurs et de la ville de Lyon, supporté par deux sphinx. ℟. SERVANDIS ARTIBUS. UNA- Minerve devant une presse. A l'exergue : BIBLIOPOLÆ ET TYPOGRAPHI LUGDUN. Arg. TB.

576 *Drapiers.* COMMERCE DE DRAPERIE DE LA VILLE DE LYON.1755. Écu de la Ville entre le Rhône assis, et la Saône étendue. ℟. DITAT.VESTIT ET ORNAT 1755. Le vaisseau des Argonautes, le dragon et la Toison d'or. Arg. TB.

577 *Chapeliers.* CHAPELLERIE.DE.LA VILLE DE LYON.1761. Écu de la ville sur un cartouche. ℟. ÆSTATES ET HYEMES CONTRA. Armes des chapeliers supportés par deux chameaux. Arg. TB.

578 *Fabricants d'étoffe.* Sans légende. Cartouche aux armes de Lyon. ℟. ÆTERNUM DIGNA COLI. Deux génies inspirés par Minerve. A l'exergue : FABRIQUE DES ÉTOFFES DE SOYE OR ET ARGENT 1745. Arg. TB.

579 *Liberté du commerce.* Tête de Louis XV. ℟. DEPULSA MOLE.RESURGET.

Mercure dans les airs écartant avec son caducée une dalle qui écrasait une femme qu'il relève. A l'exergue : DE ASSERTAM LUGD. AUR. ET ARG. COMM. LIBERT. EDIC. DEC. 1760. Arg. TB.

580 *Conseillers de ville.* PATRIA MÉMOR 1756. Arg. TB.

581 *Société scientifique.* SOCIETAS REGIA LUGD. MDCCXIII. Instruments de sciences. Arg. TB.

582 *Académie littéraire.* L'autel d'Auguste. A l'exergue : ACADEM. LITTER. LUGDUN. MDCC. Arg. TB.

583 — ATHENAEUM. etc. L'autel de Lyon. Mais à l'exergue la date seule M. D. CC. Arg. TB.

584 *Chambre du commerce.* DUM CIRCUIT ORBEM. Globe sous le soleil. Arg. TB.

585 — DABIT ADOLESCERE FRUCTUS. Oliviers. A l'horizon, le soleil. A l'exergue : X. VIRI. LUGDUNENSES. COMMERCII. REGUNDIS. MDCCCXVI. Arg. TB.

586 Le Rhône et la Saône couchés. Arg. TB.

587 Conseillers du roi et Notaires en 1715. Arg. TB.

588 Notaires de l'Arrond[t] en 1805. Écu timbré d'un aigle. Arg. TB.

589 M[RS] LES. NOTAIRES DE L'ARRONDISS. DE LYON. Armes royales sur un lion. R'. LEX. etc. MDCCCV. Même sphère. Arg. TB.

590 Agents de change en 1773. Arg. TB.

591 — Même type varié, daté 1816. Arg. TB.

592 *Avoués.* QUIETAM NEMO IMPUNE LACESCIT. Égide attachée à un palmier. ℟. LEGE. DUCE COMITE IUSTICIA. La Justice et la Loi debout, s'embrassant. Arg. TB.

593 *Instituteurs.* LUDOVICO. XVI. REGNANTE. Armes de Lyon. ℟. SOCIETAS LUDIMAGISTRORUM LUGDUNENSIUM. Arg. TB.

594 *Cercle littéraire.* IN CIRCVLO CONSONET. SEMPER. Lyre. R'. CIRC LITER. LUGVD. Lion à g. devant une branche de laurier. Arg. TB.

595 PRVDHOMMES DE LYON. MDCCCVIII. Lion à g. R'. IVSTICE ET BONNE FOI. Une Foi devant une balance. Arg. TB.

596 — Hôpitaux civils. 1845. Bustes accolés de Childebert et d'Ultrogothe, à g. Arg. TB.

597 — Mêmes bustes accolés à droite. R'. Écusson écartelé. Arg. TB.

598 — Chambre du commerce : SUIS LE LYON QUI NE MORS POINT SINON QUAND L'ENNEMI ME POIND. Octog. Arg. TB.

599 Fourrier de la garde nationale en 1790. Oct. Cuiv. TB.

600 — Tribunal de 1re instance. AN III DU CONS. 1801. Lion armé d'une massue. Arg. TB.

601 — Tribunal de commerce, 1816. Oct. Arg. TB.

602 *Tribunal de commerce de Lyon.* MDCCCXLVII. Coin de M. Penin. Arg. TB.

603 — Société d'agriculture. Buste de François Rozier. Arg. TB.
604 — Transports du Rhône et de la Saône. Bateau à vapeur. Oct. Arg. TB.
605 — Compagnie Générale des ponts sur le Rhône, 1844. Entrée d'un pont en fil de fer. R'. Le Rhône couché. Arg. TB.
606 Agents de change, 1801. QUI DICTA FERANT ET FOEDERA FIRMENT. Livre de transfert et caducée. Arg. TB.
607 — Agents de change, 1803. Buste de Bonaparte. R'. Livre ouvert, caducée, plume, miroir et serpent. Arg. TB. Frappe moderne.
608 — Compagnie des deux ponts sur la Saône, 1827. Vue du pont en face de Fourvières. Oct. Arg. TB.
609 — Caisse d'épargne et de prévoyance. R'. VADE AD FORMICAM. Abeille. Oct. Arg. TB.
610 — Autre. VADE AD FORMICAM O PIGER. Arg. TB.
611 Notaires de l'arrondissement, 1839. Oct. Arg. TB.
612 — Chambre de commerce. Le Rhône et la Saône. Arg. TB.
613 Chambre syndicale des Entrepreneurs. Arg. TB.
614 Société de secours mutuels pour les ouvriers en soie, 1850. Arg. TB.
615 *Athénée*. Tête d'Apollon. R'. ATHENAEVM. LVGDVNENSE. RESTITVTVM. M. D. CC. L'autel de Lyon. Arg. TB.
616 — La même pièce. Cuiv. TB.
617 SOCIÉTÉ DES AMIS DES ARTS DE LYON. Buste à dr. Arg. TB.
618 Cie du gaz en 1844. Arg. TB.
619 *Marseille*. Buste de Louis XVI. R. 1775. Visite sanitaire des marchandises au port. Oct. Arg. TB.
620 *Mayenne*. Notaires de l'arrondissement. Oct. Arg. TB.
621 *Moulins*. Jeton de la mairie de M. Bardonnet. Arg. TB.
622 Jeton de la mairie de M. de Veauce, 1766. Arg. TB.
623 Jeton de la ville au buste de Louis XV. Arg. TB. Rare.
624 *Montbrison*. Chambre des notaires en 1812. Arg. TB.
625 *Orléans*. 1760. Vue du pont et de la ville. R'. Fleuve couché. Arg. TB.
626 Notaires de l'arrondissement sous Louis-Philippe. Oct. Arg. TB.
627 Notaires sous Napoléon III. Oct. Arg. TB.
628 Variété du précédent. Tête laurée. Oct. Arg. TB.
629 Le même jeton sous la 3e République. Coin de Barre. Oct. Arg. TB.
630 Le même jeton. Coin de Pingret. Oct. Arg. TB.
631 *Rennes*. Administration municipale. Arg. TB.
632 *Rennes*. Jeton de la Mairie de M. de la Motte-Fablet. Oct. Arg. TB.
633 *Roanne*. CANAL DE ROANNE. Oct. Arg. TB.
634 *Rouen*. Vaisseau à la voile, 1665. Cuiv. B.
635 Jeton de la Monnaie de Rouen en 1711. Arg. TB.

636 — Jeton de la ville sous Louis XV. Son buste enfant. Arg. TB.
637 — Variété. Son buste âgé. Arg. TB.
638 Avocats au parlement. Buste de Louis XV. Arg. TB.
639 — Variété avec sa tête. Arg. TB.
640 Louis XVI. Sa tête à dr. R'. EX AEQUO ET BONO. La Justice assise à dr. A l'exergue, LES PRIEUR ET JUGES CONSULS DE ROUEN. Arg. TB.
641 Loge de la parfaite égalité. Arg. TB.
642 Loge des Arts Réunis, 1808. Arg. TB.
643 — Société libre du commerce et de l'industrie. Ruche, caducée, ancre, corne d'abondance. Oct. Arg. TB.
644 — Conseil des Prudhommes. La Justice assise, à g. Oct. Arg. TB.
645 Tribunal de commerce de Rouen, 1832. Oct. Arg. TB.
646 *Soissons*. Jeton de l'Hôtel de Soissons. Cuiv. B.
647 *Tours*. Notaires de l'arrondissement. La Justice assise, de face. Oct. Arg. TB.
648 Variété. Balances et lampe antiques. Arg. TB.
649 *Versailles*. 1786. Maison philanthropique. Dextrochère arrosant des plantes. Arg. TB.
650 Chambre des Avoués, sous Napoléon Ier. Miroir, main de justice, tables sur lesquelles on lit : LOIX DE L'EMPIRE FRANÇAIS. Oct. Arg. TB.
651 Variété du précédent avec LOIX FRANÇAISES écrit sur les tables de la loi.
652 Notaires sous Napoléon Ier. Son buste à dr. R'. Soleil, balances et main de justice. Arg. TB.
653 Notaires sous Louis XVIII. R'. Livre, mains jointes et balances. Arg. TB.
654 Variété. R'. Balances, soleil, main de justice. Arg. TB.
655 *Vichy*. Cie des Eaux thermales. Oct. Arg. TB.
656 *Sénégal*. Cie de Remorquage. Arg. TB.
657 Lot de jetons non catalogués. Arg.

MACON PROTAT FRÈRES IMPRIMEURS

MACON, PROTAT FRÈRES, IMPRIMEURS

www.ingramcontent.com/pod-product-compliance
Ingram Content Group UK Ltd.
Pitfield, Milton Keynes, MK11 3LW, UK
UKHW021956260726
13994UKWH00004B/1790

9 782329 377407